LA
GUERRE A L'HORIZON

CHANCES POUR ET CONTRE

PAR

LE MAJOR OSMAN BEY

KIBRIZLI-ZADÉ, LE VAINQUEUR DE KARS

Prix : 1 FRANC

PARIS

SAUVAISTRE, LIBRAIRE-ÉDITEUR

72, BOULEVARD HAUSSMANN

1890

LA

GUERRE A L'HORIZON

———

CHANCES POUR ET CONTRE

———

LA
GUERRE A L'HORIZON

CHANCES POUR ET CONTRE

PAR

LE MAJOR OSMAN BEY

KIBRIZLI-ZADÉ, LE VAINQUEUR DE KARS

Prix : 1 FRANC

PARIS

SAUVAISTRE, LIBRAIRE-ÉDITEUR

72, BOULEVARD HAUSSMANN

1890

AVANT-PROPOS

Quelque peu de théorie, trente-cinq ans d'observation et de pratique, ce sont les titres qui nous permettent d'aborder d'une main sûre ce palpitant thème duquel dépend le sort de l'Europe et du monde entier.

En ce moment d'attente suprême, les esprits légers, les écervelés, peuvent seuls se montrer insouciants ou confiants outre mesure. Tous ceux qui réfléchissent et qui savent ce que c'est que la guerre, ceux-là se recueillent maintenant et se préparent à recevoir religieusement l'arrêt de l'arbitre de la vie et de la mort.

Dans notre étude, nous tâcherons d'être impartial avant tout : nous imiterons ces opérateurs aux nerfs éprouvés qui ne voient dans l'opération que le triomphe de la science, ce qui veut dire, l'assertion, la constatation d'une vérité.

Aussi prions-nous nos lecteurs de vouloir bien abonder dans notre sens, en se départissant provisoirement de tout parti-pris, de toute partialité, de leur propre individualité, si cela leur est possible. En d'autres mots, en lisant ces lignes, ils doivent cesser d'être Français, Allemands, Russes ou Italiens. Qu'ils restent raisonnables, c'est tout ce que nous nous permettons de leur demander.

GUERRE A L'HORIZON

CHANCES POUR ET CONTRE

LA SITUATION EN EUROPE

Comment se fait-il que l'Europe, civilisée comme elle est, se soit petit à petit transformée en arène, où des millions de combattants sont sur le point de croiser les armes et de s'entretuer ?

Pour bien comprendre cette situation, il faut partir de ce point, que tout phénomène de l'ordre politique n'est qu'une manifestation des lois de la nature, de la physique, c'est-à-dire : d'après ces lois, les masses animées ressemblent aux vagues de la mer, avec cette différence que celles-ci vont au gré des vents, tandis que nous, nous suivons l'impulsion que nous donne la *lutte pour l'existence*.

Ainsi, les masses humaines se ruent l'une sur l'autre, afin d'atteindre le maximum du bien-être et de la puissance.

Ce phénomène présente deux particularités dont il faut tenir compte : 1º que ces masses suivent des directions bien définies ; 2º qu'elles empiètent de préférence du côté où la résistance est moindre.

Appliquons à présent cette théorie à l'histoire de ce siècle que chacun connaît.

Les guerres de la Révolution et de l'Empire ne sont que la résultante d'un courant, qui du midi de l'Europe se dirige vers le nord. Avec son reflux s'accentue le flux de la marée dans le sens contraire, du nord vers le midi : c'est la Sainte-Alliance qui avance jusqu'à Paris et dicte la loi à Vienne.

L'accalmie qui s'en suivit favorisa l'agrégation des masses du centre. De là la formation d'une marée centrale germanique, dont l'action centrifuge empiète sur son périmètre, c'est-à-dire sur les pays environnants. Ce débordement des masses germaniques s'explique par l'exubérance de la race et par la surabondance de sève. Obéissant à ces forces, cette marée exerce une pression constante, uniforme, sur les bords : en temps calme cette pression est latente, ainsi que l'est la pression d'un volume d'eau sur les parois d'un môle ; en cas de tempête elle devient violente, à l'instar de la mer qui se rue sur un promontoire.

De cela il en découle, que l'élément germanique joue un rôle actif, par rapport à l'attitude passive que supportent les pays limitrophes. Donc, il y a contradiction manifeste entre le rôle physique et le rôle conventionnel de l'Allemagne.

Voici comment s'explique cette contradiction. Comme la pression latente lui suffit afin de gagner insensiblement du terrain, plus la paix dure et plus elle avance. C'est juste le contraire qui a lieu du côté de ceux qui jouent le rôle passif, la Russie, la France, etc.; celles-ci, plus elles attendent et plus le terrain se trouve être miné sous les pieds.

Rien ne saurait mieux faire ressortir l'action centrifuge et la pression qu'exercent les masses allemandes sur toute la circonférence, que la figure que nous traçons ici à titre d'illustration.

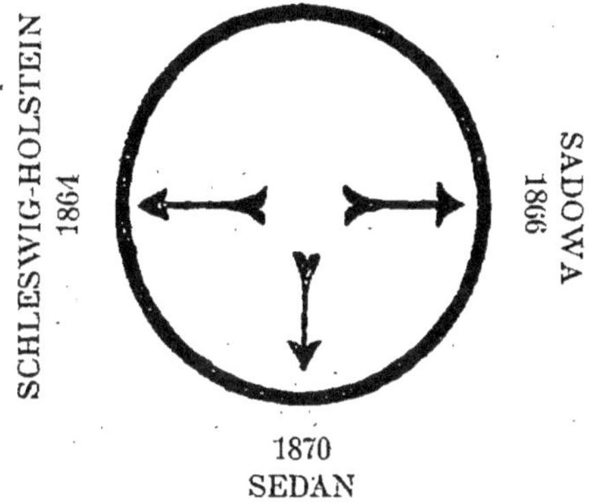

En effet, la pression passant de l'état latent à l'état aigu, le débordement eut lieu d'abord du côté ouest de la circonférence, là juste où la résistance était moindre, vu la faiblesse du Danemark.

A deux ans d'intervalle, le tour vint au côté opposé : l'Autriche repoussée dut dès lors suivre l'impulsion que la marée montante lui imprimait. Le choc de 1870 suivit une direction diamétralement opposée aux précédentes, et c'est sur la tête de la France qu'il alla tomber.

Dans notre illustration, le côté nord reste en blanc. De cela, on aurait tort d'arguer que les masses germaniques sommeillent du côté de la Russie. La pression de ce côté est tout aussi forte, sans, pourtant, qu'elle dégénère en choc violent. Les essais de germanisation des Polonais par la Prusse ; la contre-partie jouée par les Russes dans les provinces Baltiques, ce sont là des faits qui prouvent l'existence de cette pression du côté nord aussi.

A présent que nos lecteurs ont put se faire une idée juste de la situation, entamons le sujet de notre étude « La Guerre à l'horizon », en nous servant des pronostics que la science met à notre disposition. Quoique le terrain sur lequel nous allons nous engager ne soit autre que celui des conjectures, néanmoins nous n'admettrons que ces hypothèses qui sont les plus vraisemblables.

Dès le début nous n'hésiterons point à affirmer, que la guerre qui nous attend n'a point de parallèle dans l'histoire : c'est la lutte la plus gigantesque qu'ait vu l'humanité ; les combattants ne se comptent plus par centaines de milliers, mais par millions : tout ce que l'esprit de destruction a su inventer se trouve prêt à entasser cadavres sur cadavres !

Trois sont les questions que chacun se fait par rapport à la grande guerre qui est sur le point de s'ouvrir.

1° Comment, ou de quelle façon, aura-t-elle lieu ?

2° Quand commencera-t-elle ?

3° Combien durera-t-elle ?

La première de ces questions entraine avec elle l'examen des points qui suivent :

Les belligérants : valeur relative de leurs forces.

Description du théâtre de la guerre et opérations présumables.

LES BELLIGÉRANTS

Avant de passer en revue les différentes armées européennes, il est bon de faire remarquer qu'il n'existe plus d'armées proprement dites, d'armées permanentes : ces armées viennent d'être absorbées par les nations armées. Voici comment la chose s'est faite. A force d'entasser corps sur corps, armée sur armée, réserve sur réserve, on en est arrivé à se trouver en face des nations armées. C'est ainsi que partout l'armée permanente est remplacée par la nation armée, à laquelle la première sert de cadre, de base.

De là, il en résulte que les forces d'un État sont en raison directe avec le chiffre de sa population : on n'a qu'à en déduire les hommes valides de tel âge à tel âge et l'on obtient le total des combattants. Tous ces millions auront-ils leurs *boutons de guêtres* au grand complet : ça c'est une autre question. En attendant, chacun tâche d'atteindre ce *desideratum* de perfection.

Occupons-nous pour le moment des effectifs dont peuvent disposer les belligérants ; nous les enregistrons ici en forme de tableau.

EFFECTIFS DE GUERRE

Allemagne..	7.200.000 hommes.
France....................	4.110.000 —
Italie.....................	2.626.000 —
Russie (d'Europe)...........	2.600.000 —
Autriche	1.180.000 —

Les belligérants sont donc dans la proportion de 8 contre 11 : cette disproportion n'est qu'apparente, vu que les armées franco-russes ont leurs derrières libres et moins de terrain à couvrir.

Mais, si de la valeur en chiffres nous passons à la valeur intrinsèque de ces millions, c'est alors que le problème devient complexe, au point de renverser tous les calculs faits en robe de chambre. Nous ferons donc défiler devant nous chacune de ces armées; et tout en leur rendant les honneurs, nous nous permettrons de leur appliquer le scalpel de notre critique.

L'ARMÉE ALLEMANDE

A tout seigneur droit : commençons donc par la première ! L'armée allemande, c'est la machine de guerre la plus perfectionnée, la plus puissante dont fasse mention l'histoire. En se servant d'un langage allégorique, on pourrait l'appeler une Pyramide faite de chair et d'acier. Au moral sa force et son efficacité reposent sur ces deux piliers : une *obéissance aveugle* ; un rayon de lumière (l'instruction) qui a percé toutes les couches.

Pour ce qui est de ces défauts, nous signalerons l'exagération dans la discipline et les exercices ; ce qui fait qu'elle nous rappelle involontairement le vieux proverbe « l'arc trop tendu se brise ».

L'arc du grand Frédéric alla se briser à Iéna ; celui de Guillaume Ier où se brisera-t-il ?

On ne peut impunément trop exiger, ni des forces de l'homme, ni de celles de la bête.

L'ARMÉE RUSSE

L'armée russe est la digne rivale de l'armée allemande, ne fut-ce que pour cette seule raison, qu'elle aussi ne connaît ce que c'est que la défaite. Pourtant elle ne saurait être comparée à l'armée allemande, tant soit sous le rapport de ses cadres, que sous celui du perfectionnement du matériel. D'un peuple récemment admis à la civilisation on ne peut exiger la perfection.

Mais, c'est justement de cet état de semi-barbarie, que la Russie armée retire des qualités qui compensent pour ses défectuosités techniques. Le soldat russe, en effet, est plus apte à supporter les fatigues et les privations de la guerre que ses adversaires civilisés. De même le cheval russe, ce grand facteur des combats et des marches, est de beaucoup supérieur aux chevaux qu'un régime civilisé ne peut qu'énerver. De là, la supériorité de la cavalerie russe.

Donc il y a compensation entre les qualités et les défauts de ces deux armées. La victoire penchera du côté qui saura mieux tirer profit des unes et remédier aux autres.

L'ARMÉE FRANÇAISE

Si l'absorption des armées permanentes par la nation modifie, chez tous, les institutions militaires, chez les Français le changement est moins sensible, vu que la distinction entre soldat et citoyen est presque nominale. La nation étant devenue l'armée, il est impossible de juger de son efficacité sans tenir compte du caractère national et des changements brusques dont il est susceptible.

Aussi, c'est du troupier français que l'on peut dire, plus que de n'importe quel autre : « Mouton la veille, lion le lendemain. » De cette particularité il en résulte, que s'il y a une troupe qui trompe l'œil à la parade, c'est la française et avec elle la turque, qui n'a l'air de rien, en temps calme.

Ce que les apparences ne sauraient pourtant cacher, c'est que soldats et officiers se sont fait une idée fixe d'oblitérer les souvenirs de 70. Par cela, la réflexion, la modestie, le travail ont pris la place de l'insouciance et de la présomption de jadis.

Les défectuosités que présente l'organisation de la nation armée, sous régime républicain, ne sauraient disparaître que devant l'enthousiasme d'une lutte à outrance.

Ajoutons que sous le rapport de l'armement et du matériel, aucune nation ne saurait rivaliser avec la France, dont les moyens et les ressources sont presque illimitées.

L'ARMÉE AUTRICHIENNE

S'il y a un état qui ne peut nullement s'accomoder avec le système de la nation armée, c'est certes l'Autriche, dont les sujets ne savent pas au juste ce qu'ils sont. Dans ces conditions, le remplacement d'une armée permanente par la nation armée, c'est le coup de grâce à l'empire des Habsbourgs.

La gerbe autrichienne étant en disruption, son armée en subit le contre-coup : elle ne saura se mesurer contre les nations armées, qui sont vraiment des nations. et des armées. A quoi bon après cela toute l'activité et tout le savoir étalés dans les académies de guerre et dans les arsenaux. Le ciment s'étant relâché, les expédients restent sans effet.

L'ARMÉE ITALIENNE

Il y a de ceux qui juge l'armée italienne sévèrement ; d'autres par contre nourrissent à son égard des grandes espérances : suivant notre humble avis. la vérité se trouve entre les deux extrêmes.

Disons tout d'abord, que nous serions fort étonnés si les états-majors italiens ne possédaient quelques capacités hors ligne. On doit s'attendre à cela d'un peuple qui compte parmi ces illustrations militaires les César, les Eugène de Savoie, les Montecucolli et enfin Bonaparte.

On ne saurait nier, pourtant, qu'en dépit de ce don que les Italiens possèdent en force des lois d'atavisme, l'armée italienne ne soit quotée défavorablement auprès des experts. Et cela pour une raison bien simple : c'est que jusqu'ici elle n'a pas pu faire inscrire sur son drapeau le nom de quelque victoire retentissante.

Comme les victoires ne sont après tout que l'effet, c'est des causes de la faiblesse relative des armées italiennes que nous tenons à nous occuper ici. Or, l'on doit savoir que les troupes italiennes sont entachées du péché originel ; de ce péché qui a mis au monde l'unité italienne, ainsi que son armée unifiée.

Arrivés à ce point, une question des plus complexes, tout à la fois politique et militaire, surgit devant nous et nous force à tracer un parallèle entre les causes et les effets de l'unité allemande et de l'unité italienne ; deux phénomènes, qu'à tort, on considère comme identiques. De ce parallèle va sortir la démonstration qui constate la force de l'une et la faiblesse de l'autre des armées en question.

L'unité allemande est la résultante d'un mouvement centripète, au lieu que l'unité italienne résulte d'un mouvement inverse, centrifuge. En effet, l'une a été opérée par l'agroupement de tous les états allemands autour d'un centre commun : tandis que l'unité italienne s'est effectuée par l'expulsion des récalcitrants, par force, c'est-à-dire.

Sous le rapport des deux armées, le contraste est encore plus frappant. L'armée prussienne sert de pilier auquel viennent s'appuyer les autres armées allemandes. Que l'on remarque que ce pilier reste intact, à sa place ; il ne s'ébranle pas, il ne se partage pas ; il attend que toutes les forces de l'Allemagne forment faisceaux autour de lui.

En Italie c'est l'opposé qui a lieu. La vaillante, l'excellente petite armée piémontaise se débande et disparaît, pour servir de cadre dans la nouvelle formation. Donc, l'armée italienne s'est trouvée dès le début, sans appui, sans ce pilier qui soutient l'édifice militaire de son allié. Par surcroît de malheur, le contingent révolutionnaire, le *reduci delle patrie battaglie*, vint augmenter le gâchis. Il ne fallait plus que ces gâte-métier afin de paralyser l'action des officiers de la vieille école piémontaise.

En voilà assez pour expliquer les mécomptes essuyés par les organisateurs de l'armée italienne unifiée.

Il nous reste à faire mention d'une qualité propre au soldat italien, dont l'importance n'échappera certes pas aux hommes de guerre. Nous voulons parler de l'aptitude des Italiens pour remuer la terre : il est clair que les terrassiers qui ont achevé le réseau des voies ferrées de l'Europe, ne soient de redoutables pionniers en campagne.

En effet, comme la pelle et la pioche peuvent seules paralyser l'effet des armes à précision, celui qui sait mieux manier ces deux armes défensives, a un avantage considérable sur son adversaire. Avec l'ouverture des hostilités, l'on verra ce que la pelle et la pioche savent faire sur l'autre versant des Alpes.

Ici finit le défilé des belligérants et aussi notre critique, dont le but est de faire apprécier à nos lecteurs la valeur intrinsèque des armées européennes, en faisant ressortir le faible et le fort de leurs organisations respectives. Cela fait, apprêtons-nous à les suivre sur les champs de bataille, où, en tenant compte des hypothèses les plus admissibles, nous saurons juger de quel côté peut pencher la balance.

OPÉRATIONS

Disons tout de suite, que le rôle offensif échue à la Russie et à la France ; et cela en dépit du rôle passif qu'elles remplissent malgré elles. Quant à l'Allemagne, elle se garde bien de prendre l'offensive, puisque cette puissance trouve son compte à conserver la paix, à prolonger le *statu quo*, qui est le fruit de ses victoires. C'est à ceux à qui cet état de choses ne convient pas, en d'autres mots, qui sont las de *subir sa pression*, de faire appel aux armes.

On commettrait pourtant une grave erreur si l'on croyait que les Allemands vont attendre tranquillement qu'on les attaque. Nous sommes en mesure d'affirmer avec certitude, que les armées allemandes sont prêtes à prendre l'offensive sur tous les points, dès que l'ouverture des hostilités leur semblera inévitable, imminente.

Cela se comprend, vu qu'il est de l'intérêt de l'Allemagne de tenir à distance soit les Russes, soit les Français
et de déjouer toute action combinée, en frappant fort
et frappant vite.

Mais, laissons les Allemands sur le « qui vive » et
voyons ce que leurs adversaires vont faire.

Il se pourrait bien, qu'à titre de ballon d'essai, on ne
lançât de ce côté quelques petites complications serbes,
monténégrines, etc.; mais cela serait peu de chose :
tout au plus ça tiendrait place d'apéritif. Il ne faut donc
pas confondre ces diversions avec l'ouverture en règle
du grand bal international. L'ouverture formelle aura
lieu, sans doute, aux abords même du grand théâtre de
la guerre : et, sans être prophète, nous pouvons dès à
présent mettre notre doigt sur Copenhague, l'indiquant
comme le lieu prédestiné sur lequel tomberont les premières foudres de la grande guerre européenne.

Pourquoi, m'objectera-t-on, est-ce justement sur le
petit Danemark que va se diriger le premier choc des
belligérants ? La raison en est toute simple, et la voici :
Copenhague joue dans cette guerre un rôle de premier
ordre ; d'abord parce qu'elle est la clef de la Baltique et
de la mer du Nord ; puis, parce que de Copenhague on
menace la capitale allemande, tout en donnant la main
aux mécontents du Schleswig et du Hanovre ; ensuite,
parce que ce n'est que là que Russes et Français peuvent se donner rendez-vous et unir leurs forces ; enfin,
parce que le seul câble qui relie Paris à St-Pétersbourg
passe par Copenhague.

En voilà assez de raisons politiques, militaires,
navales, et que sais-je, pour qu'au moment même où

nous écrivons ces lignes, les sémaphores, les observatoires et les états-majors braquent leurs longues-vues sur ce malheureux Copenhague.

Tous attendent le signal afin de se lancer à pleine vapeur dans cette direction ; ça sera un vrai steeple-chase, à qui arrive le premier.

Les Allemands qui sont tout prêts, à quelques lieues, feront leur possible afin de devancer leurs ennemis, en essayant un coup de main sur Copenhague : ils tâcheront aussi de se débarrasser de ce malencontreux câble, qui ne leur va guère.

Dans le courant de 89 le câble a été brisé sept fois ; actuellement il est hors de service !

Les escadres russe et française accourront en toute vitesse pour jeter une cinquantaine de mille hommes chacune. Deux cent mille franco-russo-danois pourraient alors prendre l'offensive en vue de reconquérir le Schleswig-Holsteing, enfermer la flotte allemande, etc.

Qu'ils réussissent ou non dans leur entreprise, ce qui est certain c'est que les trois alliés, par leur présence à Copenhague, s'assurent les avantages suivants :

1° Paralyser 400,000 Allemands ;

2° Enfermer leur flotte et fermer leurs ports ;

3° Surveiller la Suède.

C'est assez donc pour motiver une descente combinée sur la côte danoise.

Passons maintenant sur le continent, où la partie va s'engager sur le grand théâtre des opérations, ici ce sont les millions qui vont donner et pas les milliers, comme nous avons vu sur la petite scène danoise.

Nous trouvons les belligérants face à face sur leurs

frontières respectives : les Allemands sur celle de Pologne, les Autrichiens sur celle de Galicie et les Russes faisant face à tous les deux.

C'est ici qu'il convient de tracer à gros traits les frontières des trois empires (voir une carte), qui constituent une énorme ligne de bataille, s'étendant de la Baltique aux Carpathes. Cette ligne se divise en deux zones ; l'une qui embrasse la frontière russo-allemande, l'autre la frontière austro-russe.

La ligne de bataille précitée offre certaines particularités dont il faut tenir compte. Son flanc gauche (frontière allemande) a une forme concave et par conséquent enveloppe la Pologne dont il menace même la ligne de retraite, les derrières. Cette configuration favorise l'offensive des Allemands.

Il est à remarquer que la frontière prussienne elle-même est bien défendue par des forteresses en première ligne ; soit Memel, Kœnigsberg, Graudenz, Thorn, Posen, etc., lesquelles forteresses servent en même temps de base d'opération à l'armée qui doit pénétrer en Pologne.

Le flanc droit (frontière autrichienne) n'est pas si favorisé, puisqu'il présente une ligne droite, sans obstacles naturels : l'ennemi peut donc l'attaquer avec avantage sur n'importe quel point. Pour parer à cette faiblesse de leur frontière, les Autrichiens ont dû la garnir de forteresses, telles que : Lemberg, Przemysl, Iaroslav, Dembiza, Tarnow, Krakovie, etc. La faiblesse de cette frontière est la cause, comme l'on comprend, que les Russes se portent de préférence sur ce côté. Tous les mouvements de troupe, les concentrations sur la frontière de Galicie, n'ont d'autre raison d'être que cette faiblesse relative.

Mais, cela n'est pas tout. La grande ligne de bataille austro-allemande présente, en outre, un point vulnérable là où s'effectue la jonction des frontières des trois empires. C'est, à proprement dire, le *vide de la cuirasse*, l'ouverture qui permet aux Russes d'y enfoncer leur épée jusqu'à la garde, séparant, ainsi, les Allemands des Autrichiens. Ajoutons que le point vulnérable en question, débouche en pleine Bohême et Moravie, pays slaves dont les habitants sont atteints de sympathies russes fort prononcées.

Ici les affaires s'embrouillent, car aux difficultés topographiques et militaires, vient se joindre la lutte de race, qui en Autriche veut dire la disruption de l'empire. C'est le cataclysme tant souhaité des Slaves et tant redouté des Allemands.

En effet, pour mettre le feu aux poudrières, il suffit qu'une partie des forces russes observe Krakovie et Brünn, pour permettre à une trombe de 40,000 Cosaques de se jeter dans la trouée, soulevant leurs frères Slaves, mettant tout à fer et à feu, dans la Haute-Autriche et en Bavière.

Les têtes fortes qui sont à Berlin connaissaient parfaitement tous les périls qui les menacent : elles avaient prévu la possibilité d'un coup de tête des Russes sur le point vulnérable. Pendant qu'on s'occupait de la question, voilà que les Russes montrent le bout de la mèche trop tôt, en plaçant Gourko à la tête de leur armée de Pologne.

Par cette nomination les Russes dévoilaient, en effet,

leur jeu ; car, s'il y a un qui puisse conduire la fameuse *trombe* de Cosaques, c'est juste le général Gourko, qui s'est rendu célèbre par la *trombe* en petit qu'il a lancée sur la Roumélie, au courant de la dernière guerre d'Orient.

En vue de parer contre le danger, les Austro-Allemands adoptèrent les mesures suivantes. Dès 1886, un contingent allemand, fort de 300,000 hommes, fut destiné à boucher la trouée, en prenant position en arrière du flanc gauche autrichien et de la droite prussienne, en Silésie. Par cette mesure la connexion entre les deux armées s'est complétée.

En effet, grâce à cette disposition, la pointe russe doit se heurter d'abord contre les forces en première ligne, et puis contre la deuxième, qui, à l'instar d'une digue lui barre le chemin.

ROLE DE L'ITALIE

Toutes ces dispositions ne suffirent pas pour assurer complètement les prévoyants Teutons, car ils savent bien qu'avec le feu on ne plaisante pas, surtout s'il menace de tomber au milieu de matières combustibles.

Vu la gravité de la situation, dans les conseils des deux empires, l'on résolut d'admettre sans retard l'Italie dans leur alliance ; non pas à titre de figurant, mais bien comme associé aux risques et périls. On exigea d'elle sur cela un contingent de 300,000 hommes, qui serait placé sous les ordres de l'état-major allemand et qui boucherait la trouée, prenant position en arrière de la digue allemande. Après cela on était en droit de considérer la redoutable trouée comme hermétiquement fermée.

D'après ces dispositifs, l'armée italienne doit se tenir prête à franchir les Alpes Juliennes par Pontéba et Trente, ayant pour objectifs Lintz et Regensburg : là elle traversera le Danube, pour se déployer sur les emplacements qui lui seront fixés entre les montagnes de la Bohême et la Moravie. Comme l'on voit, la Bavière et l'archiduché d'Autriche se trouvent ainsi entièrement à l'abri.

Nos lecteurs doivent se souvenir, que le représentant de l'Italie à Berlin eut de la peine à souscrire aux conditions onéreuses qu'on voulait imposer à son pays. La répugnance qu'il éprouva fut telle, qu'elle attira sur sa tête les foudres du Jupiter de la Sprée, et cela en plein Reichtag. Les plénipotentiaires italiens durent baisser la tête ; et le pacte fut signé. Ils s'imaginaient, sans doute, qu'ils en seraient quittes avec cela pour leur admission dans la triple alliance.

Fatale erreur ! Vu, que quand on s'engage dans de pareilles entreprises, il est impossible de prévoir où et quand on s'arrêtera.

En effet, dans l'hiver de 1888 des symptômes alarmants se manifestèrent tout à coup sur le flanc droit de la ligne de bataille, ainsi que un peu partout dans l'empire Austro-Hongrois. Tandis que la Russie dressait, menaçante, sa tête au delà de la frontière de Galicie, les embarras de l'Autriche ne faisaient qu'augmenter, sous l'action combinée des démonstrations au dehors et de l'effervescence des Slaves à l'intérieur.

On dut forcément reconnaître à Berlin l'insuffisance des expédients employés, en vue de repousser une offensive des Russes et soutenir l'Autriche. C'est alors qu'on se décida de recourir encore une fois à l'Italie ; mais, cette fois, le chapeau à la main, afin de l'engager à se résigner à de nouveaux sacrifices. Les entrevues de Crispi et de Bismarck n'ont eu d'autre but que d'arrêter les bases d'une nouvelle convention militaire.

Cette convention porte, en effet, que l'Italie prend sur elle de maintenir l'ordre dans la péninsule balcanique ; empêchant par là soit les Serbes, soit les Monténégrins de produire une diversion en faveur des Russes. L'Autriche pourra, ainsi, disposer de toutes ses forces, pour défendre sa frontière de Galicie.

Le prince Amadie était destiné au commandement de l'armée d'occupation, composée de 200,000 Italiens, 100,000 Autrichiens et autant de Bulgares. Ceux-ci seront appuyés par l'armée Roumaine, en cas de besoin.

Enfin, la convention accorde à l'Italie le protectorat direct sur la Bulgarie et la Roumanie.

C'est la grande œuvre de Crispi : de là sa popularité.

LES HOSTILITÉS

Nos lecteurs connaissent déjà la situation relative des belligérants sur cette partie du grand théâtre de la guerre, qu'il serait mieux d'appeler le théâtre nord, par opposition à celui du midi. Voyons donc comment la lutte va s'engager sur la grande ligne de bataille du nord.

Une nécessité inéluctable oblige les belligérants à former dès le début une figure croisée, une sorte de quadrille, où chaque vis-à-vis joue le rôle inverse. Ainsi, à gauche les Allemands prendront l'offensive ; tandis que les Russes sont forcés à garder la défensive : à droite, les Autrichiens resteront sur la défensive, tandis que les Russes s'élanceront sur eux ventre à terre.

Ces rôles résultent des avantages et des désavantages relatifs des différentes zones.

En effet, comme il a été expliqué plus haut, les Allemands entourent la Pologne, au point de menacer la ligne de retraite des Russes. En plus, une des meilleures cartes de leur jeu, c'est, à coup sûr, l'accueil que leur préparent les Juifs de Pologne, qui déjà leur tendent les bras. 1,019,000 est le total de la population juive de ce pays : ils portent tous des noms allemands et parlent un jargon de cet idiome.

Les Russes savent ce qui les attend de ce côté : aussi, se borneront-ils à prolonger la défense autant que possible, quitte à se retirer au delà de la Vistule et du Niemen, à leur façon, brûlant et dévastant tout. Ils ne manqueront, certes pas, de tenir bon à Brest-Litowsk, point de jonction de leurs voies ferrées. De là ils seront en contact avec leur armée d'opération de Galicie.

C'est de ce côté que la lutte sera terrible : car c'est là que les Russes doivent donner avec toutes leurs forces. Avec un million, supposons, ils tâcheront de percer la ligne frontière autrichienne, pendant que trois cent mille Russes la tourneront par la droite, passant sur le corps des Moldaves et des Transilvaniens. Simultanément, une forte armée russe percera entre les deux empires, par le point vulnérable, lançant en avant la trombe de Cosaques.

Le spectacle sera grandiose : la lutte sera acharnée : Allemands, Hongrois, Slaves, etc., viendront aux mains dans un pêle-mêle épouvantable. Point de quartier, point de merci ; car, il s'agit de vaincre et de mourir. Les luttes, les haines de siècles doivent être étouffées dans le sang, et une fois pour toutes !

La première digue de 300,000 Allemands dans la Haute-Autriche ; la deuxième de 300,000 Italiens dans la Basse-Autriche et Bavière, seront-elles assez solides pour arrêter l'ouragan russo-slave ? S'ils n'y réussissent pas, le *finis Austriae* sonnera et le reste de l'Europe sera entraîné dans le cataclysme.

THÉATRE DE LA GUERRE DU MIDI

Pour se faire une idée juste de la situation stratégique de la France, il faut se rendre compte de ce qu'elle a perdu ou gagné dans les dernières guerres.

A la suite de la mutilation que la puissance française a subie lors du traité de Francfort, il lui est interdit de prendre à présent l'offensive du côté des Vosges. De ce côté donc les Français sont forcément rejetés sur la défensive. Par contre, comme prix du sang versé en faveur de l'unité italienne, comme fruit des victoires de Solférino et Magenta, la France a acquis une position dominante sur les Alpes ; ce qui lui permet de prendre l'offensive avec avantage à présent.

Ainsi les rôles recpectifs qui s'imposent aux armées françaises de l'Est et des Alpes sont tracés d'avance : d'un côté elles doivent recevoir de pied ferme l'attaque des Allemands ; de l'autre, elles doivent attaquer les Italiens. Voyons d'abord comment la partie défensive de ce plan doit être mise en exécution.

Vu la faiblesse de la frontière de l'Est, l'état-major français a élevé toute une série d'ouvrages sur trois lignes, qui barrent complètement l'intervalle entre la frontière belge et le Jura. Ces lignes ont reçu le nom de rideau. C'est donc contre ce rideau formidable que viendront se briser les premières attaques de l'armée allemande. La lutte sera à coup sûr meurtrière, tenace, les trois lignes seront défendues avec acharnement ; mais, les Français devront à la longue céder et se replier dans l'intérieur du pays.

Avant de voir ce qui va se passer après l'entrée des Allemands il est nécessaire de faire le tableau de la redistribution des forces dans la France entière.

Selon notre avis, que nous avançons ici sous toute réserve, les 4,110,000 combattants dont peut disposer la France, pourraient être utilisés de la manière suivante :

700.000 à la défense du rideau.

200.000 réserve partielle à Chaumont-sur-Marne.

200.000 réserve partielle, à Dijon, pouvant servir aux deux échiquiers.

800.000 réserve générale à Bourges.

250.000 à la défense de Paris.

1.000.000 armée des Alpes.

200.000 dans le Var, prêts à parer ou à tenter
n'importe quel coup dans le bassin
de la Méditerranée.

Reste   800.000 en garnisons ; pour surveiller la Manche et pour le Danemark.

Grâce à de telles dispositions, les armées françaises
se trouvent en état de retarder la marche de l'ennemi un
mois entier ; tout en étant solidement établies au centre,
à l'ouest et au midi de la France.

Nous allons voir maintenant ce qui va se passer après
que l'ennemi a réussi à percer le rideau et à en déloger
les défenseurs. C'est avec cette deuxième période que
commence l'invasion du territoire de la part des Alle-
lemands et la retraite de l'armée de l'est. La question
qui se pose en ce moment critique aux généraux français, c'est de savoir dans quelle direction doit être ef-
fectué le mouvement rétrograde : en appuyant à gauche,
en appuyant à droite ; ou bien en se retirant droit sur
Châlons-sur-Marne et Paris.

Nous n'hésiterons pas à donner notre préférence pour
la droite (à l'inverse de ce que firent Mac-Mahon et
Bazaine) vu que par une retraite dans cette direction on
se ménage les avantages que voici :

1° On occupe une position de flanc par rapport à la
ligne d'opération allemande ;

2° On s'appuie aux places fortes du bassin de la
Saône ;

3° On enfile les vallées de la Meuse, de la Marne et
de la Seine : ce qui permet de couper perpendiculaire-
ment la ligne de retraite de l'ennemi ;

4° Grâce à une pareille disposition, les armées de l'Est et d'Italie se trouvent occuper deux lignes intérieures par rapport aux lignes prusso-italiennes.

Cet avantage l'emporte sur tous les autres.

Mais, on nous objectera, faut-il laisser les Prussiens arriver jusqu'à Paris sans leur livrer bataille ?

Ce serait insensé que de jouer le sort de son pays sur un dé. A l'instar de Fabius, les généraux français doivent temporiser, tout en se servant de Paris comme d'hameçon, pour attirer l'ennemi dans cette direction et l'y retenir, jusqu'à ce que le moment vienne de tomber sur lui avec des forces écrasantes.

Quant aux craintes qu'on a d'avoir les Allemands en Belgique, elles sont sans fondement, vu qu'à Berlin on sait que la violation du territoire belge entraînerait :

1° Une lutte avec les Belges qui ne se laisseront certes pas faire comme s'ils étaient des moineaux ;

2° Parce que celui qui met la main sur la Belgique, dépasse la ligne de l'Escaut, et s'attire par cela même l'Angleterre sur le dos.

Il faut savoir que c'est une question de vie et de mort pou r JohnBull de ne pas permettre à aucune grande puissance continentale de s'installer sur l'Escaut, ce qui veut dire en face de la Tamise. Ainsi, toutes les fois que la France a essayé de dépasser cette ligne, en s'étendant du sud vers le nord, les Anglais ont fait tout au monde pour l'en empêcher ; si les Allemands voudraient essayer la même manœuvre, dans le sens inverse, ils verront que l'Angleterre se lèvera comme un seul homme, pour leur dire, halte-là !

Mais retournons à l'armée victorieuse qui s'avance en territoire français et voyons quelle direction suivra-t-elle ; que fera-t-elle ?

Si les Allemands se retournent contre l'armée de l'Est, qui menace sa ligne de retraite, ils trouveront un million et plus de combattants prêts à leur tenir tête de front, plus la réserve générale qui tombera sur leur droite. Si, par contre, les Allemands se dirigeaient sur Paris, ils s'y verront vite entourés par les armées précitées.

Examinons, maintenant ce qu'ils pourraient faire en assiégeant Paris. Paris, bien approvisionné, peut résister une année entière. Avec deux cent cinquante mille hommes de troupes fraîches ; avec tout ce que le génie militaire a su y accumuler, la capitale de la France est, on peut le dire, inexpugnable. Son siège est une œuvre gigantesque, qui laissera le siège de Troie bien en arrière.

N'oublions pas de faire mention du rôle que la tour Eiffel est destinée à remplir dans le cas d'un nouveau siège de Paris. La tour est un observatoire auquel rien ne saurait échapper, dans les limites de la zone de feu. En plus, si l'on observe bien cette étrange construction on verra qu'elle est à l'épreuve des projectiles : en ce sens, qu'il est très facile de replacer les quelques plaques que les obus pourraient avoir brisées.

Cela suffit pour montrer que M. Eiffel n'est pas le seul compositeur de cette œuvre, qui se prête plus à la guerre qu'à la paix. Elle complète le système défensif de Paris : donc, l'état-major français a dû, lui aussi, y donner son coup de main.

Laissons à présent Allemands et Français manœuvrer à leur gré, et tournons nos lorgnettes du côté opposé, sur les Alpes, car là la partie a dû s'animer entre Français et Italiens.

Il a été dit plus haut qu'avec la cession de Nice et de la Savoie, la France a acquis les passes les plus importantes qui des Alpes conduisent dans la vallée du Pô. Ces passes sont quatre en nombre : savoir le col du Cenis, le col Genèvre, le col Argentière et le col de Tende (1). De ces points les Français peuvent se ruer sur l'Italie, en suivant trois lignes convergentes.

Pour arrêter la descente des Français, les Italiens accumulent tranchée sur tranchée, ouvrage sur ouvrage en travers des valées. Avec cela ils ne pourront que retarder l'irruption : car si les torrents n'ont jamais été arrêtés, les masses armées le seront encore moins. Il faut donc que les deux adversaires en viennent à une bataille et même à plusieurs batailles rangées en pays de plaine.

Selon toute vraisemblance, les armées italiennes, en première ligne, tâcheront d'arrêter l'ennemi en prenant position au delà du Pô entre la Sésia et le Tessin, ou bien transversalement en s'appuyant à Alexandrie.

Si elles y parviennent, bien ; si non la Lombardie reste à la merci de l'envahisseur.

Ainsi que cela a été du temps de Bonaparte, c'est sur le Mincio que les belligérants se livreront la bataille décisive. Appuyée à son quadrilataire, l'armée italienne y fera sans doute une résistance prolongée.

---

(1) Ce dernier appartient à l'Italie ; mais il se trouve dans le voisinage immédiat de la frontière française.

Ce qui décidera du sort de la campagne et de la guerre en général, ce n'est pas ici, mais c'est au centre de l'Europe qu'il faut le chercher. En d'autres mots, le succès définitif de l'armée des Alpes dépend de la pointe qu'exécuteront simultanément les Russes dans la Haute-Autriche et la Bavière.

En effet, si une juste coïncidence s'établit entre la pointe faite par les Français dans une direction de l'ouest à l'est, et la pointe exécutée par les Russes, du nord au midi, aiguillant les Alpes centrales, ils seront incontestablement les vainqueurs, car le centre de l'Europe serait à leur merci.

Pour se convaincre de la valeur de notre thèse, il n'y a qu'à supposer que l'armée russe, avec son ouragan de cavalerie, enfonce la première ligne allemande et de là se jette sur la deuxième italienne, au moment où les Français coupent les communications de cette dernière avec le lac de Garde.

Alors, oui, que le gâchis sera complet, au point de faire perdre la tête aux plus savants stratégistes !

En Allemagne, on semble envisager la question exactement de la même façon. De là, la polémique soulevée tout récemment à l'égard de la Suisse et la neutralité de son territoire, qui favorise les opérations des armées françaises en Italie, au préjudice de la triple alliance. Quelques explications sont ici nécessaires, afin de rendre le sujet compréhensible pour la généralité des lecteurs.

La chaîne des Alpes forme un demi-cercle autour de la Haute-Italie. Sur le périmètre occidental, la France possède trois lignes convergentes vers la vallée du Pô, tandis que la triple alliance n'en a que deux. Mais même ces deux lignes (Trente, Ponteba) sont défectueuses, vu qu'elles convergent vers le bas Pô et la Vénitie.

Il existe, c'est vrai, une ligne centrale qui débouche en pleine Lombardie, par laquelle l'on pourrait tomber sur les Français, avant que ceux-ci soient arrivés sur le Mincio ; mais cette ligne (le Gothard) appartient aux montagnards suisses.

C'est tout naturel donc que le public allemand désire voir ses armées maîtresses de ce passage, en ligne droite, qui leur permette d'entrer en Italie en toute aise. Pourtant, l'état-major allemand ne songe guère à forcer le Gothard : car, il sait parfaitement que s'il essayait l'entreprise, il permettrait aux Français de passer par le St-Bernard sans coup férir et de tomber, par là, sur l'aile droite des Italiens, avant que les Allemands puissent les secourir.

Ainsi, la neutralité du territoire helvétique favorise plutôt la France ; mais, comme le remède (une attaque du Gothard) serait bien pire que le mal, l'Allemagne et l'Italie se voient forcées de faire de résignation vertu.

La neutralité suisse ne court donc aucun danger. Que les Suisses se préparent, pourtant, à soutenir un siège en règle, puisque le massif des Alpes sera littéralement entouré d'un cercle de feu.

DISPOSITIFS DES ARMÉES ALLEMANDES

Jusqu'ici, il n'a été question que des alliés de l'Allemagne et de ses adversaires. Nous allons voir maintenant quelles dispositions prendront les Allemands euxmêmes.

Disons tout d'abord que les armées allemandes ont l'avantage d'occuper une position centrale, par rapport à leurs ennemis, position qui permet aux Allemands de les battre séparément et de prévenir toute attaque combinée.

Comme il a été dit plus haut, les Allemands prendront résolument l'offensive sur tous les points. Dans ce but, la répartition de leurs forces doit se faire de cette façon, à peu près :

2.000.000 contre la Russie, en Pologne.
2.000.000 contre la France, armée des Vosges.
400.000 béquilles à l'Autriche.
400.000 armée d'observation du Schleswig.
1.500.000 réserves partielles et générales.
8 à 900.000 hommes pour les garnisons, etc.

Ces dispositifs ne laissent rien à redire. En effet, ainsi partagées, les armées allemandes sont prêtes à faire face contre toute éventualité.

Pourtant les tâtonnements, voire les soucis que l'on remarque depuis quelque temps au sein de l'état-major allemand, corroborent l'opinion qu'on n'y est pas tout à fait sans crainte, par rapport à l'issue d'une lutte, où l'Allemagne devrait faire face de tous côtés. Et nous

partageons entièrement ces appréhensions, et au delà
même; vu que nous n'hésitons point à soutenir cette
thèse, ce paradoxe, voire :

« Que l'Allemagne, à elle seule, pourrait battre la
« Russie et la France, **mais qu'avec ses alliés et**
« **grâce à eux, elle court grand risque d'être bat-**
tue. »

Ainsi, l'on peut comparer l'Allemagne à un colosse
qui traîne deux gros boulets à ses pieds. Il n'y a qu'à
se rendre compte de ces mouvements en navette, signa-
lés tout à l'heure, et l'on saisira les difficultés de cette
étrange situation.

D'abord les états-majors sont d'avis que l'Italie est
assez forte pour se défendre et pour aider en plus l'Autriche. Sur cela, on lui enlève tout d'abord trois cent
mille hommes et puis autre deux cent mille.

Plus tard on se ravise ; puisque l'on admet l'hypo-
thèse de devoir courir au secours de cette même Italie
et l'on songe à forcer les passes du Gothard.

Dans tout cela, il y a un TIRE ET LACHE continuel, que
les conférences entre ministres et les visites entre sou-
verains ne peuvent faire cesser. Et pourquoi?

Parce que la défaite de l'un ou de l'autre des alliés
de l'Allemagne, serait le signal de l'effondrement de
l'Europe centrale, qui entraînerait avec elle l'Orient. Ce
serait un cataclysme qu'aucun pouvoir humain ne saurait maîtriser !

LES FLOTTES

Après avoir vu ce que les belligérants peuvent faire sur terre ferme, suivons-les sur mer, où ils devront aussi mesurer leurs forces. Commençons par dire que les maîtres de l'Océan resteront en dehors de la lutte, autant qu'ils pourront, bien entendu.

Il est évident que la neutralité s'impose à l'Angleterre, vu qu'elle a tout à gagner et rien à perdre d'un conflit européen.

Voici ce que les Anglais gagnent dans une guerre générale :

1° D'abord ils épargnent les cinq cents millions votés par le Parlement, en vue de tenir à distance les autres puissances, dont les armements lui donnent ombrage.

Une fois que les autres flottes se coulent les unes les autres, la supériorité des forces britanniques s'affirme d'elle-même, sans dépenser un shelling ;

2° Ensuite, la guerre déclarée, le pavillon neutre de l'Angleterre jouira du monopole de la navigation. Ce qui équivaut à quelques milliards ;

3° La cessation de l'industrie sur tout le continent européen, laissera les fabriques anglaises maîtresses absolues du marché.

Deux ans d'une pareille cocagne, suffisent pour élever une autre tour Eiffel à Londres, mais en lingots d'or, pas en fonte :

L'Angleterre une fois hors de cause, la suprématie sur mer revient de droit à la France. De quelle façon la flotte française, exercera-t-elle cette suprématie ?

Vu notre incompétence en pareille matière, nous ne ferons qu'exprimer l'opinion que le bon sens semble sanctionner. D'abord l'escadre française quittera Cherbourg pour aller opérer sa jonction avec les escadres russe et danoise. Là, les trois associés auront assez à faire avec le débarquement des troupes, les comptes à régler avec la flotte allemande, etc., etc.

Cela fait, les trois se dirigeront vers Gibraltar et les eaux bleues de la Méditerranée.

Ici une question technique se présente, dont nous déclinons la solution, en plaidant notre qualification de loup de terre, ce qui est tout autre chose que loup de mer.

La flotte française se divise en deux escadres; celle de la Méditerranée et celle de la Manche. Les Italiens et les Autrichiens savent cela.

Or, si l'idée venait à un Tegetthof quelconque de venir attaquer l'escadre de la Méditerranée, avant que le gros des forces coalisées viennent la rejoindre, ma foi, Toulon et son escadre pourraient avoir du chanvre à retordre !

Naturellement, l'amirauté française connaît ces variantes mieux que tout autre ; mais enfin, qu'on se souvienne que la flotte austro-italienne n'attendra certes pas la jonction des forces ennemies : si elle le faisait, elle doit se considérer comme belle et coulée d'avance.

Après avoir coulé tout ce qu'elle peut rencontrer, il ne reste à la flotte coalisée que de surveiller le blocus des ports de la triple alliance. C'est alors qu'elle cueillera les fruits de ses labeurs : vu que leurs propres pays respireront librement ; tandis que, au milieu des alliés, au centre de l'Europe, on étouffera.

Donc, ceux qui sont en possession de la mer peuvent prolonger la guerre, tandis que ce qui en sont privés n'ont d'autre salut que dans le « frapper fort et frapper vite ». Une prolongation des hostilités, c'est, évidemment, leur perte.

Ici finit, lecteur, notre réponse au premier réquisit que nous nous sommes posé dès le début : savoir « Comment la guerre aura-t-elle lieu, où se fera-t-elle ». C'est le tour maintenant à la deuxième question :

QUAND COMMENCERA-T-ELLE ?

Nous avons déja dit que l'offensive, la déclaration de guerre, doit venir des Russes et des Français ; et cela en raison de l'amour violent que la triple alliance éprouve pour la paix.

De ces deux *brouille-cartes*, ce sont les Russes qui doivent se lancer en avant les premiers ; c'est là leur rôle naturel. Quant aux Français, ils ont leurs bonnes raisons pour céder le pas à leur partenaire, qui s'y connaît, d'ailleurs, dans l'art gracieux d'engager une contre-danse, tout en frappant des éperons.

Si c'est aux Russes à commencer, il n'est que trop juste qu'ils choisissent l'époque de l'année qui leur semble être la plus favorable aux opérations ; en se plaçant, bien entendu, au point de vue russe. Or, les Russes sont coutumiers de commencer leurs grandes guerres à l'approche de l'hiver ; de façon à pouvoir recevoir leurs ennemis sous une température moyenne de

27° à 30° au-dessous de zéro. L'accueil dans de pareilles conditions, n'en devient que plus cordial et plus réchauffant !

Les avantages de cette tactique sautent aux yeux : d'un côté elle ferme l'accès de la Russie à l'ennemi ; de l'autre, elle permet aux Russes d'aller guerroyer dans des pays où l'on frilotte moins. En d'autres mots, la Russie est fermée, tandis que celle-ci peut frapper aux portes d'autrui.

Pour ce qui est du cas qui nous occupe « la Guerre à l'horizon », les avantages qu'offre une levée de boucliers en automme sont plus grands encore. Enumérons-les :

1° Après novembre, une diversion de la Suède en Finlande est hors de question ;

2° L'offensive des Allemands se voit arrêtée au Niémen ;

3° Les opérations contre la frontière de Galicie sont de beaucoup facilitées par les glaces, qui couvrent les marais et les cours d'eau ;

4° Enfin, l'offensive des Allemands devient plus difficile, même en France.

Pour toutes ces bonnes raisons donc, la coalition trouve son compte à engager la partie — « quand la bise fut venue. »

Une autre raison qui pousse les Russes à devancer même le mois de novembre, c'est que leur flotte de la Baltique court risque autrement de se voir enfermer dans Kronstadt par les glaces.

Sera-ce en 1890 ou bien en 1891 que va commencer la grande guerre européenne ?

On ne saurait répondre à cette question palpitante qu'ainsi : plus les puissances passives restent sur l'expectative et plus elles perdent du terrain. Si elles sont prêtes, il n'y a pas de raison pour qu'elles renvoient la tâche du jour au lendemain.

« On ne saurait faire compter le pas trop longtemps « à des races à élan, sans ralentir cette impulsion qui « fait leur force. »

En concluant, nous répondrons à la dernière des trois questions que nous nous sommes posées ; c'est-à-dire, combien de temps peut durer le grand conflit européen.

« La première sera suivie de la deuxième et celle-ci de la belle. » Ce qui nous donne trois campagnes.

Une durée de deux ans est donc le minimum, car aucun des belligérants ne pourra et ne voudra céder lorsqu'il s'agit d'être biffé de la carte et de la liste des nations.

Qu'on ne se fasse point d'illusion à cet égard : le duel est au dernier sang. Pas de compromis, pas de moyen terme possible !

« *To be or not to be* », voilà la devise pour tous.

FIN

ŒUVRES DU MÊME AUTEUR

———

Les Russes en 1877-78, Guerre d'Orient; chez LUCKHARDT, Berlin, 1889. Prix : 6 fr. 25.

Madre e Patria vendicate; chez Roux, Turin, 1889. Prix : 3 fr.

Wie ich matter una faterland rachte; chez K. ULRICH, Berlin, 1889. Prix : 4 fr.

Il genio dell' Islamismo; chez Roux, Turin, 1890. Prix : 3 fr.